BEI GRIN MACHT SICH IHR WISSEN BEZAHLT

- Wir veröffentlichen Ihre Hausarbeit, Bachelor- und Masterarbeit

- Ihr eigenes eBook und Buch - weltweit in allen wichtigen Shops

- Verdienen Sie an jedem Verkauf

Jetzt bei www.GRIN.com hochladen und kostenlos publizieren

Bibliografische Information der Deutschen Nationalbibliothek:

Die Deutsche Bibliothek verzeichnet diese Publikation in der Deutschen National-
bibliografie; detaillierte bibliografische Daten sind im Internet über http://dnb.d-
nb.de/ abrufbar.

Impressum:

Copyright © 2013 GRIN Verlag, Open Publishing GmbH
Druck und Bindung: Books on Demand GmbH, Norderstedt Germany
ISBN: 9783668286955

Dieses Buch bei GRIN:

http://www.grin.com/de/e-book/214564/aluminium-ein-leichtmetall-das-schwer-
wiegt

Esra Bozcicek

Aluminium. Ein Leichtmetall, das schwer wiegt

Gewinnung, Auswirkung, Nutzung

GRIN Verlag

Schuljahr 2012/13

Aluminium – Ein Leichtmetall, das schwer wiegt.

Facharbeit im Leistungskurs Biologie der Q1
verfasst von
Esra Bozcicek

Brühl den 30.04.13

Inhaltsverzeichnis

I. Aluminium- Ein Leichtmetall, das schwer wiegt.

„Im Vergleich zur Aufnahme über Lebensmittel oder Antacida ist die Aufnahme von Aluminium über Lebensmittelbedarfsgegenstände und kosmetische Mittel gering.

Sie liegt deutlich unter der Aufnahmemenge, [...] die als gesundheitlich unbedenklich gilt." [1]

So heißt es laut dem Bundesinstitut für Risikobewertung. Doch ist dieses Metall wirklich so harmlos, wie es von den Herstellern behauptet wird, um es sorglos in den sensibelsten Lebensbereichen einzusetzen?

Viele Menschen sind sich nicht dessen bewusst, wie schädlich Aluminium für den eigenen Körper sein kann, da die Hersteller dies den Verbrauchern vorenthalten.

Um diese Leichtigkeit im Umgang mit der Gefahr Aluminium in Frage zu stellen, werde ich mich mit dem Thema in dieser Facharbeit kritisch auseinandersetzen.

Mein Interesse für dieses Thema wurde durch eine Dokumentation geweckt, durch die ich bemerkt habe, dass in verschiedenen Gebrauchsgegenständen, welche ich selbst tagtäglich benutze, dieses Metall vorhanden ist.

Im ersten Kapitel werde ich zunächst einmal klären, was Aluminium überhaupt ist und wo wir – ob bewusst oder unbewusst- mit diesem konfrontiert werden.

Danach werde ich auf die Herstellung dieses Metalls eingehen, bevor ich die Auswirkungen des Aluminiums auf den Menschen untersuchen werde.

Anschließend werde ich noch die Auswirkungen des Aluminiums auf die Ökologie darlegen, um daraufhin durch einen praktischen Versuch nachzuweisen, ob das Leichtmetall einen sichtbaren Einfluss auf die Pflanze und ihr Wachstum hat.

---

[1] http://www.bfr.bund.de/cm/343/keine_alzheimer_gefahr_durch_aluminium_aus_bedar
fsgegenstaende.pdf (abgerufen am 22.04.13)

II. Was ist Aluminium?

Aluminium ist ein chemisches Element mit der Ordnungszahl dreizehn und dem Elementsymbol Al. Das silbrig-weiße Leichtmetall ist das dritt häufigste dieser Erde.

Im Periodensystem der Elemente steht es an dritter Stelle in der Gruppe der Erdmetalle.[2]

Aluminium ist in seiner Reinform im Vergleich zu anderen Metallen noch nicht lange bekannt.

Jedoch war der Alaunstein, auch genannt Kaliumaluminiumsulfat, bereits bei den Ägyptern als Flammschutzmittel und als Aspiranz (Deodorant) gebräuchlich.

1825 gelang dem dänischen Chemiker Ørsted die Reindarstellung des Aluminiums.

1855 wurde das Metall dann erstmals auf einer Pariser Weltausstellung als Tonsilber präsentiert und erregte schon damals viel Aufmerksamkeit, da es besser und vielseitiger als Eisen war. Aufgrund seiner vielen faszinierenden Eigenschaften wie zum Beispiel, dass es nicht rostet, beliebig formbar ist, Wärme und Strom leitet und eines der leichtesten Metalle ist, war es damals wertvoller als Gold.[3]

Heute ist das Leichtmetall jedoch überall verbreitet und findet in fast allen Bereichen Verwendung, da es aufgrund seiner verschiedenen Eigenschaften fast nicht zu ersetzen ist. Es dient aufgrund seiner guten Verträglichkeit als Verpackungsmaterial unserer Getränke oder Nahrung sowie als Rohstoff für Zement und Keramik. Zudem wird es zur Gewinnung von Metallen und vielem anderen verwendet.

Jedoch ist Aluminium auch Bestandteil verschiedener Kosmetikprodukte, Medizin oder Nahrungsmitteln mit denen wir Tag für Tag konfrontiert werden. In Zahnpasten werden Aluminiumfluoride genutzt, um den Anti-Karies-Wirkstoff zu verstärken.[4]

In Deodorants reagieren die Aluminium Chlorohydrate mit den Schweißdrüsen, so dass kein Schweiß mehr austreten kann.[5] In Impfungen werden Aluminiumbestandteile genutzt, um die Reaktion des Immunsystems auf den Impfstoff zu erhöhen.

In Nahrungsmitteln wird Aluminium als Farbstoff eingesetzt, da es geschmacksneutral und verträglich ist. Sogar im Trinkwasser sind geringe Mengen von Aluminium-Ionen, welche der Reinigung dienen, vorhanden.[6]

---

[2] http://www.periodensystem.info/elemente/aluminium (abgerufen am 14.04.13)
[3] http://www.periodensystem-online.de/index.php?el=13&id=history (abgerufen am 14.04.13)
[4] http://kosmetik-check.de/themen2012_04.php (abgerufen am 14.04.13)
[5] http://www.ganzheitliche-gesundheitspraxis.de/artikel/gesundheitsschaden-durch-deos
  (abgerufen am 19.4.13)

Eine Welt ohne Aluminium ist heute kaum mehr vorstellbar.

III. Wie wird Aluminium gewonnen?

Für die Erzeugung des Aluminiums hat sich das im Jahre 1890 entwickelte Bayer Verfahren durchgesetzt. Dazu dient als Rohstoff Bauxit.

Bauxit ist ein rötlich gefärbtes Gestein, welches im Tagebau gewonnen wird.

Das Sedimentgestein wird zuerst fein gemahlen bevor es dann mit heißer Natronlauge unter Druck erhitzt wird. Bei diesem Prozess löst sich das Aluminiumhydroxid und geht als Natriumaluminat in die Lösung ein. Die übrigen Bestandteile bilden einen wasserunlöslichen Rückstand, welcher auch als Rotschlamm bezeichnet wird.[7]

Der sogenannte Rotschlamm besteht aus Titan- und Eisenoxiden, welchen der Rotschlamm auch seine charakteristische Farbe zu Verdanken hat, aus verschiedenen Kieselsäureverbindungen und zahlreichen toxischen Elementen, darunter zum Beispiel Arsen und Quecksilber. Dieser wird meist deponiert kann aber auch als Rohstoff beispielsweise im Straßenbau verwendet werden.[8]

Als weiterer Schritt wird die Lösung, welche zurückbleibt nach dem man den Rotschlamm abfiltriert hat, stark verdünnt. Danach wird das Aluminiumhydroxid entwässert und bei ca. 1200° C erhitzt bis Aluminiumoxid, also Tonerde, entsteht.

Nach dieser Bearbeitung des Bauxits wird das Hall-Herault-Verfahren angewendet, welche auch Schmelzflusselektrolyse genannt wird. Dieses Verfahren erfolgt in Eisenblechwannen, in welche Stahlschienen zur Stromzuführung eingelagert sind. Die Seitenwände und der Boden sind mit Kohle ausgekleidet und bilden die sogenannte Kathode. Kurze Kohleblöcke der Wanne wirken als Anode.[9][10]

Da der Schmelzpunkt von Aluminiumoxid bei 2050°C liegt, ist die Schmelzelektrolyse mit sehr hohem Aufwand und Energiekosten verbunden. Aus diesem Grund gibt man Kyrolith dazu, welches einen Schmelzpunkt von 1000°C besitzt, um eine

[6] http://www.zentrum-der-gesundheit.de/pdf/aluminium-in-lebensmitteln-ia_06.pdf
(abgerufen am 19.4.13)
[7] http://www.rz.uni-karlsruhe.de/~dg21/geochem0304/AlSi.pdf (abgerufen am 16.04.13)
[8] http://www.uni-kassel.de/upress/online/frei/978-3-89958-359-5.volltext.frei.pdf
(abgerufen am 16.04.13)
[9] http://www.chemieunterricht.de/dc2/wsu-teok/kap_054b.htm (abgerufen am 20.04.13)
[10] Siehe Anhang Material A

Schmelztemperaturerniedrigung auf ca. 950°C zu erreichen. Hierbei erhöht Kyrolith auch die Wärme- und Stromleitfähigkeit des Metalls.

Daraufhin erfolgen Reaktionen an der Anode und Kathode der Eisenblechwanne, so dass Kohlemonoxid und Kohlendioxid, welche als Gase aus dieser Reaktion erfolgen, entweichen. Das daraus entstehende flüssige Aluminium, welches nur noch etwa 0,1 bis 1% Verunreinigung enthält ist schwerer als das geschmolzene Aluminiumoxid-Kyrolith-Gemisch, was dazu führt, dass es sich auf dem Boden der Schmelze sammelt. Von da aus wird es nun regelmäßig durch Anlegen eines Vakuums abgesaugt. [11]

Das reine Aluminium wird daraufhin zur besseren Lagerung zu Walzblöcken oder Pressbolzen gegossen.[12]

IV. Auswirkung des Aluminiums auf den Menschen

Tagtäglich werden wir mit Aluminium im Alltag konfrontiert ohne uns wirklich dessen bewusst zu sein, was dieses Metall in unserem Körper anrichtet.

In Getränkedosen, Alufolie, Joghurtbechern, in Nahrungsmitteln, in unserer Zahnpasta, in Deodorants und Cremes, Medikamenten und Impfstoffen und sogar unserem Leitungswasser ist Aluminium latent verborgen.

Neuere Untersuchungen haben ergeben, dass Aluminium mit verschiedenen Krankheiten assoziiert ist.

Sowohl in den Gehirnen von Alzheimer-PatientInnen als auch in den Tumoren von Brustkrebs-PatientInnen sind drastisch erhöhte Aluminiumwerte nachzuweisen. [13] [14]

Weltweit suchen Forscher schon lange mögliche Ursachen für die in Deutschland immer häufiger vorkommende Demenzkrankheit. Untersuchungen zeigen, dass sich sogenannte *Amyloid-Plaques* (Eiweißablagerungen) im Gehirn von Alzheimer-patientInnen, typisch für diese Krankheit erweisen.[15] Es wurde festgestellt, dass

---

[11] http://m.schuelerlexikon.de/mobile_chemie/Schmelzflusselektrolyse_zur_Herstellung_von_Aluminium
htm (abgerufen am 16.04.13)
[12] http://www.hydro.com/de/Subsites/Nenzing/Aluminium/Herstellung-von-Aluminium
(abgerufen am 16.04.13)
[13] http://www.welt.de (abgerufen am 17.04.13)
[14] http://www.bfr.bund.de (abgerufen am 20.04.13)
[15] http://www.deutsche-alzheimer.de/die-krankheit/die- alzheimer-krankheit.html (abgerufen am 20.4.13)

Patienten mit dieser Krankheit ca. sieben mal mehr Aluminium-Atome in einem Ferritin-Molekül eingelagert hatten als ein gesunder Mensch.[16]

Ferritin ist ein Proteinkomplex, welcher in Bakterien, Pflanzen und Tieren vorkommt und hauptsächlich als Speicherstoff und Transportmittel für Eisen dient.[17]

 Diese Tatsache legt die Vermutung nahe, dass erhöhte Aluminiumwerte im Ferritin mit der Alzheimer Erkrankung vergesellschaftet sind. Doch wie kommt es, dass Alzheimer-Patienten eine so hohe Aluminiumkonzentration im Gehirn aufweisen?

Der Verdacht liegt auf Medikamenten, insbesondere Tabletten und Pulver gegen Sodbrennen, die Aluminiumverbindungen als Wirkstoff enthalten. [18]

Auch bei Brustkrebs wird eine Beziehung zu Aluminium vermutet.

Untersuchungen stellten fest, dass die Brust sowohl durch die Ernährung als auch durch gewisse Körperpflegemittel der Anreicherung mit Aluminium ausgesetzt ist. Die Anwendung von Antitranspiranten, in welchen Aluminiumchlorid gegen das Austreten von Schweiß verwendet wird, führt zu einer lokalen langandauernden Aluminiumbelastung, welches die DNA der Zellen schädigt.[19]

Wissenschaftler konnten nachweisen, dass in der Flüssigkeit aus Brustwarzen bei Brustkrebspatientinnen ein erhöhter Aluminiumspiegel vorhanden ist, was wiederum der Grund für eine erhöhte Aluminiumkonzentration im Brustkrebsgewebe ist. Auch Zysten der Brustdrüse enthielten stark erhöhte Aluminiumwerte. Dies bestätigt die Annahme, dass im Brustkrebsgewebe eine erhöhte Aluminiumkonzentration vorhanden ist.[20]

V. Aluminium in der Ökologie

Schon zu Beginn bei der Herstellung des Leichtmetalls kommt es in der Umwelt zu gravierenden Schäden. Es werden Unmengen von Rohstoffen und Energie zur Verarbeitung und zum Abbau des Aluminiums benötigt.

---

[16] http://www.welt.de/print/wams/wissen/article114295740/Verursacht-Aluminium-Alzheimer.html (abgerufen am 20.04.13)
[17] http://www.jameda.de/laborwerte/ferritin-im-blut (abgerufen am 20.04.13)
[18] http://www.profil.at/articles/1247/560/346840/umwelt-aluminium-krebs-demenz-allergie-krank-aluminium (abgerufen am 20.04.13)
[19] http://www.ages.at/ages/ernaehrungssicherheit/rueckstaende-kontaminanten/aluminium/aluminiumverbindungen-in-kosmetika (abgerufen am 20.04.13)
[20] Ehgartner B. (Langbein K). (2013) *Aluminium – Zeitbombe im Körper?* Wien: Langbein und Partner Media mit ZDF/Arte, ORF und SRF

Allein zur Gewinnung des Rohstoffes Bauxit, welches als Ausgangsmaterial für die Herstellung von Aluminium dient, werden durch die riesigen Abbauflächen in denen das Erz im Tagebau gewonnen wird, Landschaften und der Lebensraum von Pflanzen, Tieren und Menschen zerstört.

Um aus Bauxit Aluminium zu gewinnen, wird es mit Natronlauge gewaschen, wobei als Nebenprodukt Rotschlamm entsteht. Pro einer Tonne hergestelltem Aluminium fallen ein bis sechs Tonnen Rotschlamm an. Dieser reagiert toxisch auf Pflanzen und erstickt diese. Aus diesem Grund wird er aufgefangen und deponiert. Jedoch entsprechen diese Deponien meist nicht den Sicherheitsmaßnahmen, welche für solch ein giftiges Material angemessen wären. Dadurch kann das toxische Produkt durch den Boden in das Grundwasser gelangen, was dazu führt, dass Flüsse und See verschlammen, zahlreiche Tiere und Pflanzen sterben und die Gesundheit aller Anwohner langfristig geschädigt wird. Zudem entstehen bei einer nicht zureichenden Abdichtung dieser Deponien schädliche Gase, welche das gesamte Leben in der Umgebung belasten.[21]

Die Umweltkatastrophe, welche sich am vierten Oktober 2010 in Westungarn ereignete bestätigt den Verdacht der Sicherheitslücke bei der Aufbewahrung von dem toxischen Schlamm. Der Damm eines Deponiebeckens der Aluminiumhütte, das zur Lagerung von Rotschlamm verwendet wurde, brach. Folglich traten mehrere Millionen Kubikmeter des ätzenden Schlammes aus und überflutete zahlreiche Gemeinden, Dörfer und Seen. Hunderte von Menschen erlitten schwere chemische Verletzungen der Haut und Reizungen der Augen, welche auf den hohen pH-Wert des Schlammes zurückzuführen waren. Etliche tote Fische trieben an der Wasseroberfläche und Versauerungen des Bodens konnten festgestellt werden.[22]

Dies hat erhebliche Auswirkungen auf die Bodenlösung wie zum Beispiel, dass ausschlaggebende Pflanzennährstoffe wie Magnesium und Calcium verdrängt werden, was dazu führt, dass Pflanzen nicht genug Chlorophyll, welches an Chloroplasten als Farbstoffträger gebunden ist, herstellen können und dadurch eine Gelbfärbung der Blätter auftrat.

---

[21] http://www.regenwald.org/themen/aluminium/fragen-und-antworten (abgerufen am 20.04.13)
[22] http://www.spiegel.de/panorama/chemieunfall-in-westungarn-die-rote-giftschlammwelle-a-735704.html (abgerufen am 20.04.13)

Zudem fand man bei Pflanzen und Bäumen auch Wachstumsstörungen, welche dadurch verursacht werden, dass die Oberfläche der Wurzeln nicht adsorbieren konnte und dadurch das Wurzelwachstum gehemmt wurde.[23]

Danach wird ein Schmelzverfahren angewendet, bei dem man Temperaturen von über 900°C benötigt. Um diese erreichen zu können wird sehr viel Energie verbraucht.[24]

Diese Energie wird heutzutage meistens aus Wasserkraftwerken in Stauseen gewonnen, wobei die Pflanzen in diesen Seen dadurch kaum mehr Überlebenschancen haben.[25]

Dieser komplette Prozess hat fatale Folgen für die Tierwelt und die Vegetation. Die Renaturierung dieser Gebiete dauert mehrere Jahrzehnte, wobei viele Ökosysteme nicht wiederhergestellt werden können, nachdem sie einmal zerstört wurden.

VI. Experiment

Wie in der Einleitung schon erwähnt, werden nun die im oberen Unterpunkt erläuterten Auswirkungen des Aluminiums auf Pflanzen experimentell untersucht, um dadurch die zu Beginn aufgestellte Arbeitshypothese, ob Aluminium einen sichtbaren Einfluss auf die Pflanze und ihr Wachstum hat, nachweisen zu können.

Hierzu wird der Organismus der *Lepidium Savitum* (Gartenkresse) verwendet, welche eine Kulturpflanze aus der Familie der Kreuzblütengewächse ist. Der Grund, weshalb diese Pflanze ausgewählt wurde, besteht darin, dass sie eine sehr schnelle Auskeimung und einen raschen Wuchs hat.[26]

Das Wachstum der *Lepidium Savitum* wurde im Folgenden in zwei Beobachtungseinheiten untersucht.

Materialien   In der ersten Beobachtungseinheit wurden als Materialien verwendet Gartenkresse, Wasser, ein Untersatz und Papiertaschentücher.

Im Gegensatz dazu wurde in der zweiten Beobachtungseinheit zu den schon oben erwähnten Materialien noch ein Deodorant als stark aluminiumhaltiges Mittel mit den Ingredienzien Aqua, Aluminiumchlorohydrat, Ispropyl Palmitate, Sodium Stearoyl

[23] http://www.geodz.com/deu/d/Aluminium-Toxizit%C3%A4t (abgerufen am 20.04.13)
[24] http://www.fundus.org/pdf.asp?ID=1084 (abgerufen am 20.04.13)
[25] http://www.chemieunterricht.de/dc2/wsu-teok/kap_054b.htm (abgerufen am 20.04.13)

[26] http://gernot-katzers-spice-pages.com/germ/Lepi_sat.html (abgerufen am 21.04.13)

Glutamate, Glyceril Stearate Citrate, Parfum, Cetearyl Alcohol, Phenoxyethanol, Hydroxyethylcellulose, Microcrystalline Cellulose, Ethylhexyglycerin und Cellulose Gum verwendet.[27]

<u>Durchführung</u> Zunächst wurde im ersten Versuchsansatz das Papiertaschentuch mit Wasser angefeuchtet und auf den Untersatz gelegt. Auf das Papiertaschentuch wurden danach die Samen der *Lepidium Savitum* ausgebreitet.

Im zweiten Versuchsansatz wurde auf den Untersatz 25 ml des Antitranspirants gegeben, bevor das angefeuchtete Papiertaschentuch mit den Samen draufgelegt wurde.[28]

Nach dem Aufbau des Versuches wurden beide Versuchsansätze über drei Wochen hinweg bei Zimmertemperatur beobachtet und verglichen, wobei sie jeden Tag mit 25 ml Wasser gegossen wurden.

<u>Beobachtung</u> Man kann erkennen, dass die Samen im ersten Versuchsansatz bereits nach einigen Stunden begannen aufzuquellen, wobei in dem Versuchsansatz mit dem hinzugefügten Antitranspirant noch keine Fortschritte zu sehen waren.

Schon nach einem Tag begannen die Samen bei dem Versuchsansatz ohne jegliche Zusätze zu keimen. Wobei bei dem zweiten Versuchsansatz noch keine Entwicklung zu erkennen ist.

Nach 5 Tagen erkennt man bei der Kresse mit dem Antitranspirant noch immer keinen Fortschritt wohingegen bei der Kresse ohne Deodorant die Samen schon fast komplett ausgekeimt sind.[29]

Nach bereits 10 Tagen der Pflanzung ist bei dem ersten Versuchsansatz ohne Zusätze die Kresse vollständig ausgewachsen. Bei dem zweiten Versuchsansatz sind auch hier erstmals Fortschritte zu erkennen: Vereinzelte Samen fangen langsam an zu keimen, wobei die Kresse hierbei heller im Vergleich zu der Kresse von dem ersten Versuchsansatz ist.[30]

---

[27] Inhaltsstoffe gemäß Balea Deo Roll-On. DM-Drogeriemarkt Carl-Metz-Straße 1. D-76185 Karlsruhe
[28] Siehe Anhang Material B
[29] Siehe Anhang Material C
[30] Siehe Anhang Material D

Nach letztendlich 21 Tagen erkennt man, dass sogar mehrere Samen der Kresse mit dem Zusatz von Deodorant langsam zu keimen beginnen, jedoch auch hier ist die Farbe der Blätter gelblicher im Gegensatz zu der Kresse ohne Zusätze.[31]

Ergebnis Dieser Versuch hat gezeigt, dass der Verdacht nahe liegt, dass Aluminiumchlorohydrat sich aufgrund seiner hohen Dosis im Antitranspirant auf das Wachstum ausgewirkt hat und dabei gewisse Störungen hervorgerufen hat. Auch kann man annehmen, dass durch die Verdrängung von relevanten Pflanzennährstoffen wie Calcium und Magnesium nicht ausreichend Chlorophyll gebildet werden kann, wodurch die Gelbfärbung der *Lepidium Savitum* hervorgerufen wird.

VII. Schlussfolgerung

Diese Daten bieten jedoch leider keinen endgültigen Nachweis, da das untersuchte Material (Deodorant) noch andere chemische Zusätze enthielt.

Da aber die Liste der Inhaltsstoffe anteilsmäßig aufgeführt wird und Aluminium an zweiter Stelle bei den Ingredienzien steht, kann man von einem hohen Aluminiumanteil ausgehen.

Dies lässt den Schluss zu, dass Aluminium sich nachteilig auf das Wachstum der *Lepidium Savitum* ausgewirkt hat und gewisse Störungen in der Chlorophyll-Herstellung verursacht hat.

Die eindeutige Aussage lässt sich jedoch treffen, dass die verwendete Pflanze nicht mit Antitranspirant wächst.

Ich konnte aufgrund meiner umfänglichen Recherchen feststellen, dass die Angaben der Hersteller und herstellernahen Institute nur beschränkt zuverlässig sind, da hier auch vermutet werden kann, dass Profitinteressen dahinter stehen.

Aluminium wirkt sich sehr wohl nachteilig auf die Gesundheit des Menschen aus:

Durch Deodorants kann Brustkrebs hervorgerufen werden.

Gewisse aluminiumhaltige Medikamente können der Auslöser für eine Demenzerkrankung sein.

---

[31] Siehe Anhang Material E

Allein schon durch gewisse Aluminiumanteile welche im Trinkwasser zur Reinigung dienen, wird unser Körper ständig mit diesem Leichtmetall konfrontiert.

Um die Ergebnisse noch mal zusammenzufassen kann die Aussage, dass Aluminium unserem Körper Schaden zufügt, aufgrund mehrerer Nachforschungen durchaus als legitim angesehen werden.

Ich hoffe mit dieser Arbeit einen kleinen Beitrag dazu geleistet zu haben, dass die Verwendung von Aluminium kritischer und misstrauischer gesehen wird.

VIII. Anhang

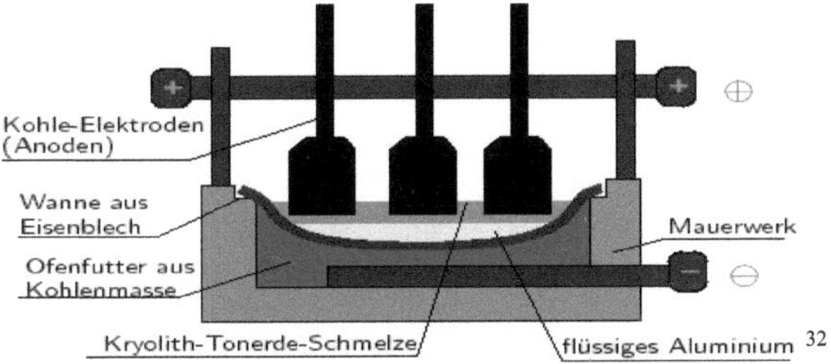

Material A – Aluminiumherstellung durch die Schmelzflusselektrolyse in einer Eisenblechwanne

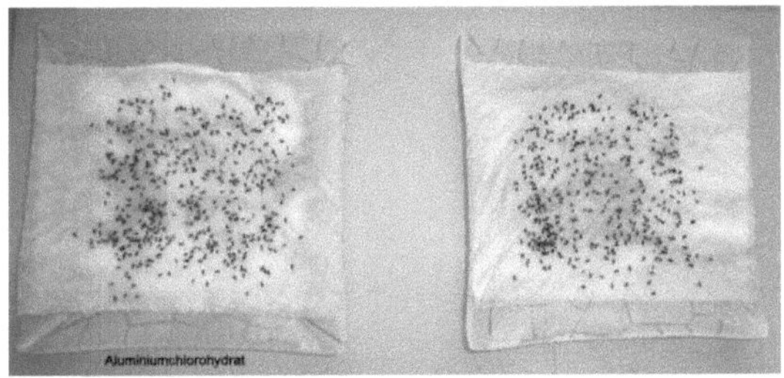

Material B – Aufbau des Experiments

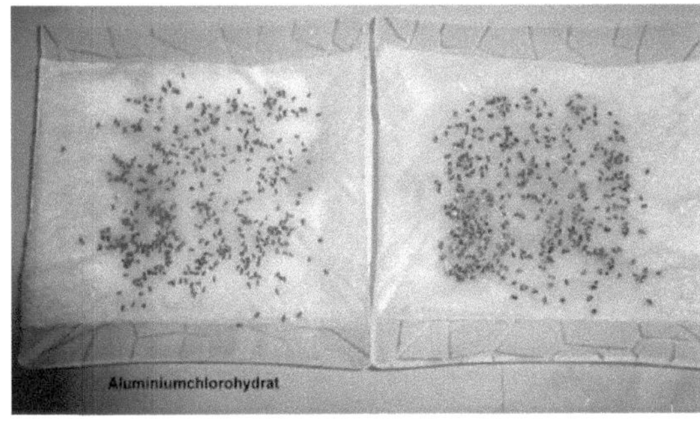

---

[32] http://www.cci.ethz.ch/vorlesung/de/al2/img422.gif (abgerufen am 22.04.13)

Material C – Fünfter Tag des Experiments

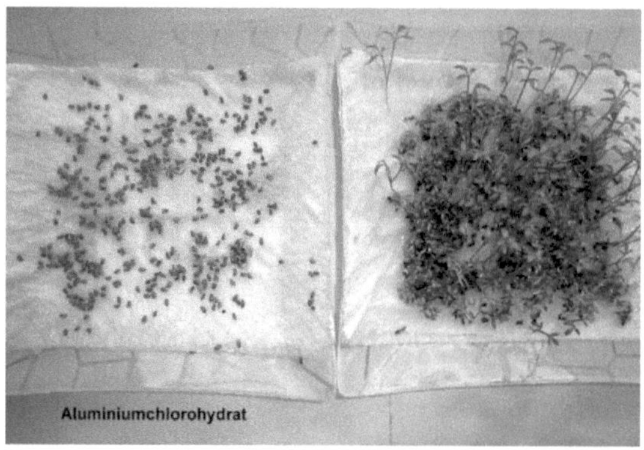

Material D – Zehnter Tag des Experiments

Material E – Zwanzigster Tag des Experiments

IX. Literaturverzeichnis

„13Aluminium."

http://www.periodensystem-online.de/index.php?el=13&id=histor (abgerufen am 14.04.13)

„Aluminium."

http://www.periodensystem.info/elemente/aluminium (abgerufen am 14.04.13)

„Aluminium."

http://www.regenwald.org/themen/aluminium/fragen-und-antworten (abgerufen am 20.04.13)

„Aluminium Toxizität." http://www.geodz.com/deu/d/Aluminium-Toxizit%C3%A4t (abgerufen am 20.04.13)

„Aluminium im Trinkwasser und in der Nahrung?"

http://www.zentrum-der-gesundheit.de/pdf/aluminium-in-lebensmitteln-ia_06.pdf (abgerufen am 19.4.13)

„Aluminium und Kosmetik: Wo lauern Gefahren?" Stand: März 2012.

http://kosmetik-check.de/themen2012_04.php (abgerufen am 14.04.13)

Bundesinstitut für Risikobewertung: *„Keine Alzheimer-Gefahr durch Aluminium aus Bedarfsgegenständen".*
http://www.bfr.bund.de/cm/343/keine_alzheimer_gefahr_durch_aluminium_aus_bedarf sgegenstaende.pdf (abgerufen am 22.04.13)

„ Das wichtigste über die Alzheimer Krankheit." http://www.deutsche-alzheimer.de/die-krankheit/die- alzheimer-krankheit.html (abgerufen am 20.4.13)

Dagmar Wiechoczek: *„Gewinnung und Verwendung von Aluminium."* http://www.chemieunterricht.de/dc2/wsu-teok/kap_054b.htm (abgerufen am 20.04.13)

Ehgartner B.: *„Krebs, Demenz, Allergie: Krank durch Aluminium."* Stand: 21.11.12.

http://www.profil.at/articles/1247/560/346840/umwelt-aluminium-krebs-demenz-allergie-krank-aluminium (abgerufen am 20.04.13)

Ehgartner B. (Langbein K). (2013) *Aluminium – Zeitbombe im Körper?* Wien: Langbein und Partner Media mit ZDF/Arte, ORF und SRF

„Ferritin im Blut." Stand: 24.03.2006.

http://www.jameda.de/laborwerte/ferritin-im-blut (abgerufen am 20.04.13)

Frank Muster: *„Rotschlamm. Reststoff aus der Aluminiumoxidproduktion"*

http://www.uni-kassel.de/upress/online/frei/978-3-89958-359-5.volltext.frei.pdf

(abgerufen am 16.04.13)

Gernot Katzer: *„ Gartenkresse (Lepidium Savitum L.)"*

http://gernot-katzers-spice-pages.com/germ/Lepi_sat.html (abgerufen am 21.04.13)

„Gesundheitsschäden durch Deos?"

http://www.ganzheitliche-gesundheitspraxis.de/artikel/gesundheitsschaden-durch-deos (abgerufen am 19.4.13)

Hermann Feldmeier: *„Aluminium löst womöglich Alzheimer aus."* Stand: 05.03.13.

http://www.welt.de (abgerufen am 17.04.13)

Uni Karlsruhe: „Aluminium"

http://www.rz.uni-karlsruhe.de/~dg21/geochem0304/AlSi.pdf (abgerufen am 16.04.13)

„Informationen zur Aluminiumchloridverwendung in Antitranspiranten."
http://www.ages.at/ages/ernaehrungssicherheit/rueckstaende-
kontaminanten/aluminium/aluminiumverbindungen-in-kosmetika (abgerufen am
20.04.13)

Matthias Apfelthaler: „Aluminium." http://www.fundus.org/pdf.asp?ID=1084

(abgerufen am 20.04.13)

„Produktion der Pressbolzen"

http://www.hydro.com/de/Subsites/Nenzing/Aluminium/Herstellung-von-Aluminium
(abgerufen am 16.04.13)

„Schema einer Elektrolyseanlage zur Gewinnung von Aluminium".
http://www.chemieunterricht.de/dc2/wsu-teok/kap_054b.htm (abgerufen am 20.04.13)

„Schmelzflusselektrolyse zur Herstellung von Aluminium."

http://m.schuelerlexikon.de/mobile_chemie/Schmelzflusselektrolyse_zur_Herstellung_v
on_Aluminium.htm (abgerufen am 16.04.13)

Shari Langemak: Verursacht Aluminium Alzheimer?" Stand: 10.03.13.
http://www.welt.de/print/wams/wissen/article114295740/Verursacht-Aluminium-
Alzheimer.html (abgerufen am 20.04.13)

Simone Utler: „Chemieunfall in Westungarn: Die rote Giftschlammwelle." Stand
24.12.10.

http://www.spiegel.de/panorama/chemieunfall-in-westungarn-die-rote-

giftschlammwelle-a- 735704.html (abgerufen am 20.04.13)

„Vorkommen und Darstellung von Aluminium."

  http://www.cci.ethz.ch/vorlesung/de/al2/img422.gif (abgerufen am 22.04.13)